Die Konfrontation

Restgedanken?

Band 5

Jan Kern

Die Konfrontation

Restgedanken?

Band 5

Bibliografische Information Der Deutschen Bibliothek:
Die Deutsche Bibliothek verzeichnet diese Publikation in der
Deutschen Nationalbibliografie; detaillierte bibliografische Daten sind im Internet über www.ddb.de abrufbar.

Cover: Nadja Timm
Layout: SichelWerk

1.Auflage
© 2021 – Jan Kern
Herstellung und Verlag: Books on Demand GmbH, Norderstedt
ISBN 978-3-754-34852-9

Kunst: Der Erneuerungsprozess

In den Großstädten ist der Pulsschlag des Lebens spürbar, dort stehen die Symbole der Macht, dort fallen die Entscheidungen.

Es drängen sich unterschiedliche und ständig sich wechselnde Bilder auf, wobei Straßenzüge häufig unbenannt, Häuser abgerissen, Symbole wieder zerstört, Spuren meist getilgt werden, und wir stellen uns immer die Frage: „Warum"?

„Ist die Welt eine Katastrophe, die einfach nur schön aussieht"?

„Und ist in diesem Zusammenhang die Kunst eine negative Propaganda für die Verlogenheit in der Gesellschaft"?

Jede Generation wird mit einem speziellen Basisgefühl geboren, welches in der Kunst stets die Erneuerung bedeutet.

Dabei ist die Kunst das Zerstören von Systemen und Schlagwörtern, von Logik und Alltagsroutine, wobei das Gewicht der Vergangenheit von den Schultern fällt, damit die notwendige Innovation nicht zum verhängnisvollen und tödlichen Stillstand kommt.

(Herbst 2002)

Das Atelier

Ich stehe in meinem Atelier, das zwar nur über wenige Quadratmeter verfügt, aber trotzdem den Ort meines kreativen Schaffens repräsentiert, der für die notwendige Bewegung meines Lebens sorgt.

Nun begreife ich, dass dieser kleine Raum auch ein Ort meiner Auseinandersetzungen, der Konfrontationen meines schöpferischen Geistes darstellen, die zunehmend unvermeidlich werden.

Dabei bieten mir die Staffelei und die Zeichentafel die erforderlichen Angriffsflächen für Leinwand und Papier, die wiederum zu einem Ort meiner Farben werden, die mich ständig, fast ununterbrochen berauschen, und ich bin Feuer und Flamme, wobei meine Ungeduld wächst, mein Körper vor Erregung zittert und meine Gedanken nicht mehr über die nötige Klarheit verfügen.

Jedoch kommt auch wieder der Augenblick, wo eine gewisse innere Ruhe und Stille den Raum betritt, sodass ein Hauch von Besinnlichkeit entsteht, der zum Nachdenken anregt und mich in die Lage versetzt, zu mir selbst zu finden.

Insgesamt entsteht ein Wechselbad der Gefühle, das sich in den Resultaten meiner Bilder wiederspiegelt.

Die Wiederspiegelung dieser Resultate ermöglicht mir, mich selbst durch die Kunst zu entdecken, kaum vorstellbar, aber dennoch ist es die Wahrheit, so wahr ich hier stehe.

(Frühjahr 2001)

Die künstlerische Kreativität

„Muss ich als Künstler überhaupt irgendwelche Risiken
eingehen"?

„Ja, weil Mutlosigkeit sonst meine schöpferische Kreativi-
tät gnadenlos hemmt".

Der Schaffensprozess als Kunstmaler oder als Buchautor
wäre sonst zwangsläufig abrupt unterbrochen.

„Ist in der Kunst auch Vielseitigkeit gefragt"?

„Ja, weil ich kein Akteur bin, der nach dem selben Rezept
in leichten Modifizierungen immer den gleichen Kuchen
backt".

Dies würde mich zu sehr an meinen eigenen Fähigkeiten
zweifeln lassen, und meine Kunst wäre vom Tode be-
droht.

(Mai/ 2020)

Der Maler und sein Stil

Zu Beginn fragst Du mich, welchen Stil ich male.

„Ehrlich gesagt, ich weiß es nicht".

Bei Dir entstehen Zweifel, warum ich es nicht weiß.

„Daher gebe ich offen zu, keinen Stil zu haben".

Nun entstehen bei Dir vermutlich so etwas wie Irritationen, da im Allgemeinen angenommen wird: „ Jeder Maler hat einen bestimmten Stil".

„Jedoch ich sage, es ist falsch, da ich vom Bild zu Bild immer die Richtung ändere, wie es mir gefällt, umso die Möglichkeit zu besitzen, die Bewegung meines kreativen Geistes verfolgen zu können, während Wiederholung nur tödlichen Stillstand für mich bedeuten würde".

(Herbst 2000)

Der Maler und seine Instinkte

Ich gestehe, ich bin grundsätzlich ein Instinktkünstler.

Dabei gehorche ich meist nur meinen eigenen Gefühlen.

Meine Gefühle sagen mir, was ich sehe.

Die Dinge, die ich sehe, wachsen in meinem Kopf und wollen sichtbar für das menschliche Auge werden.

Daher kommt die Formulierung direkt aus dem Kopf über die Hand auf die Leinwand, wobei der Vorrat an Ideen unerschöpflich ist, und die Stapel ins Unendliche wachsen können.

Deshalb liegen viele Flaschen von Farben und die dazugehörigen Pinsel stets griffbereit, um den Tatendrang, den ich jetzt in mir verspüre, befriedigen zu können, und ich sage zu mir selbst: „Vertraue Deinen Instinkten und male"!

(Herbst 2000)

(Inspiriert durch Torge Eipper)

Die Schule der Malerei

Immer wenn ich im Atelier vor der Staffelei stehe und auf die leere Leinwand starre, denke ich an meine Schule der Malerei, die Museen der Welt, insbesondere an die Räume, wo die Exponate der großen Meister wie die von Picasso, Chagall, Matisse, Van Gogh oder Monet hängen.

Bei dieser Betrachtung werden die Maler der Vergangenheit und auch der Gegenwart zu meinen persönlichen Lehrmeistern.

Für mich sind die Bilder eine bewusste Wahrnehmung der Malerei.

Die Werke, die ich dort sehe, sind die Quellen meiner Informationen, die sich hinterher im fertigen Bildnis ausdrücken.

Insgeheim, so gestehe ich, habe ich die Hoffnung bald selbst zu Riege der großen Meister zu gehören.

Allerdings weiß ich heute ehrlich gesagt nicht, ob ich dieses Ziel je erreichen werde, aber ich verliere es nicht aus den Augen, und ich werde alles daran setzen, mit jedem Gemälde, was ich in der Zukunft malen werde, diesem Ziel immer ein Stück näherzukommen.

(Winter 2000)

Die Konfrontation mit der Leinwand

Wenn ich vor der Leinwand stehe, wird die Malerei zu einer Begegnung zwischen Realität und Fiktion, und ich erkenne: „Ich möchte wissen, was ein Bild ist, wie es funktioniert".

Nun wird mir bewusst, ich existiere häufig nur, wenn ich vor der Leinwand stehe, da eine dynamische und explosive Kraft von ihr ausgeht, die für mich nur schwer erklärbar ist.

Daher erstürme ich als Maler die unbenutzte Leinwand und sage zu mir selbst: „Ich male, also bin ich".

Dabei entwickelt sich in der Malerei wichtiges von selbst, da nichts erzwingbar ist.

In der Malerei treffe ich auf spannungsgeladene Szenarien in denen sich die Gegensätze meiner Emotionen zeigen, die eine gewisse Widersprüchlichkeit des menschlichen Wesens wiederspiegeln, wobei die Kulissen für das ewige Spiel von Leidenschaft, Schmerz und Begierde wechseln und das Geschehen mal ins Harmonische, mal ins Disharmonische ziehen.

Dadurch wird die Leinwand zu einem Konzentrat der Konfrontation, der ich nicht ausweichen kann, da sie mein unausweichliches Schicksal repräsentiert und somit auch wesentlicher Bestandteil meiner Identität geworden ist.

Die Bedeutung der Farbe

Bei der Betrachtung eines Bildes nehme ich das sich ständig wechselnde und wandelnde Licht, welches auch durch die pigmentierte Fläche scheint, bewusst wahr und bemerke, dass Farbe die Identifikation mit dem Licht darstellt.

Das Wechselspiel von Farbe, Raum und Zeit entfaltet sich in nun immer neuen Facetten, wobei ich erkenne, dass die Farbe nicht nur ein Merkmal der Körper wie z.B. das Grün des Grases, das Weiß des Schnees, das Rot des Blutes repräsentiert, sondern ein Spiegelbild unserer Seele ist, wo man eine Harmonieleiter nach oben erklimmt, aber auch genauso wieder herunterfallen kann.

Es wird mir klar, Farbe bedeutet für mich Abwechslung, Veränderung und Gestaltung, wobei die Farbenvielfalt sich in der Unendlichkeit ihrer Möglichkeiten bewegt, und meine Emotionen stark beeinflusst werden.

Daher fängt Farbe an, mich zu berauschen, wird zu einer intensiven Berührung meines Daseins und entwickelt sich zu einer starken Leidenschaft, wo Freude und Traurigkeit sehr eng beieinanderliegen.

Dabei begeistert mich vor allem, was Farbe ausdrücken oder vermitteln kann, nicht so sehr, was sie eventuell abbildet.

Farbe bestimmt quasi mein ganzes Leben und gewinnt einen unschätzbaren Symbolcharakter, der mich zu dem Ausspruch hinreißen lässt: „Verleihe Dein Leben Farbe und Du begreifst, wozu sie wirklich imstande ist"!

(Sommer 2001)

Die bildliche Vision

In meiner Vorstellungskraft sehe ich ein noch nie über-
wundenes Hindernis und erkenne die geheimnisvolle
Struktur einer bildlichen Vision, wo ich genau weiß, dass
ich das Handicap irgendwie meistern muss.

Daher entsteht ein eisenharter Kampf, wobei ich mir im
Geiste ein kreatives Konzept erschaffe und letztlich doch
die Hürde überspringe.

Jetzt, wo die Barriere überwunden ist, sehe ich meine
Werke wie Trümmerruinen oder Bausteine, die ich nur
noch Stück für Stück zusammensetzen brauche.

Dabei sind die Farbe, die Pinsel und sonstigen Maleruten-
silien ab sofort das gestalterische Material, mit dem ich
etwas Kreatives konstruieren kann.

Während der Schaffensphase wird mir mehr und mehr
bewusst, dass nicht ein stur festgelegter Stil entscheidend
ist, sondern der Inhalt der Botschaft allein die jeweilige
Form bestimmt.

Am Ende erkenne ich, unabhängig vom Ergebnis, dass ein
Bild nicht einfach nur eine Ansicht ist, sondern vielmehr
eine Tatsache, der ich mich stellen muss, da ein Bild ein
Teil meiner Seele und meiner Gedanken repräsentiert, die
ich in Form einer Vision oder Idee umgesetzt habe.

(Sommer/Herbst 2001)

Das nie vollendete Bild

„Ein Bild wird tatsächlich nie fertig"?

„Warum nicht"?

Alles Fragen, die sich mir immer wieder aufs Neue stellen, wenn ich vor der Leinwand stehe und male.

Hierbei bedeutet die Malerei ein ständig wechselnder Prozess zwischen Aufbau und Zerstörung.

Es ist das ehrgeizige Streben nach absoluter Vollkommenheit, dass mich immer wieder vor der Leinwand zieht und den Schaffensdrang ungebrochen in mir weckt.

Während des Schaffensprozesses muss ich immer deutlicher und klarer erkennen, dass das Erreichen der Vollkommenheit unmöglich ist, da sonst der Zweck in der Malerei erfüllt und mein Tod als Maler beschlossene Sache wäre, denn das Werk hätte auf diese Weise seine endgültige Fertigstellung erfahren.

(Inspiriert durch Pablo Picasso)

(Sommer/ Herbst 2002)

Die Schaffenskrise

So sitze ich nun in einem endlos leeren Raum, einsam und verlassen, habe das Gefühl, nicht das innere Feuer, die Leidenschaft zu spüren, Selbstzweifel über Arbeit und Werk entstehen, und ich frage mich daher: „Wo ist meine Kreativität oder meine Inspiration geblieben"?

Ein Gefühl des Nichtwissens entsteht, gewiss ist dabei nur, dass ich die Dinge, die ich zuvor besaß, vermisse und sie benötige wie andere die Luft zum Atmen.

Denn die Kunst vermittelt mir die Bewegung unserer Gefühle, unserer Sinne oder unserer Wahrnehmung, sie ist der Inhalt meines Lebens.

Ein Zustand der Lähmung, der Bewegungsunfähigkeit ist zurzeit vorhanden, und alles erscheint hoffnungslos, aussichtslos und orientierungslos.

Es fehlt die Kraft des Antriebs, die Motivation, die meine Energie, meine Überzeugung oder meine eigentliche Stärke wieder zurückbringt.

Trotzdem hoffe beziehungsweise suche ich den passenden Schlüssel, der mir neue Wege der Betrachtung und der Gestaltung öffnet.

(Frühjahr 2002)

Die Malinspiration

„Woher hole ich mir meine alltägliche Inspiration für die Malerei"?

Es ist generell eine Verschmelzung zwischen Bewusstsein und Unterbewusstsein.

Anregungen aus dem Selbsterlebten fließen wie selbstverständlich in den Schaffensprozess, wobei aber Einflüsse von anderen Künstlern ebenfalls sichtbar werden.

Stets entsteht etwas Eigenständiges, vielleicht sogar etwas Eigenwilliges, was ich kaum kontrollieren oder bändigen kann.

Dies erzeugt eine enorme Spannung vor und auf der Leinwand.

Und das Ergebnis wird zu einer großen Überraschung, auch für mich.

(Mai/ 2020)

Der Schaffensprozess   Teil 1

Völlig unvorbereitet fühle ich eine innere Unruhe, gehe einige Male auf und ab im Zimmer, betrachte dabei, vor mir auf dem Tisch liegend, ein leeres Blatt Papier, ein Bleistift, ein Radiergummi sowie eine Fotografie von einer attraktiven Frau und verspüre sofort den Drang etwas Neues entstehen zu lassen, sodass ich nun mit der Zeichnung eines Porträts beginne.

Das Ganze wird getragen durch eine Inspiration, wo ich nie genau vorhersagen kann, wann oder wodurch sie eigentlich entsteht, aber trotzdem urplötzlich, beinahe unerwartet, doch vor meinen Augen erscheint.

Bedingt durch meine innerliche Aufgekratztheit habe ich zunächst das Gefühl, dass ich die Führung meines Bleistiftes kaum kontrollieren kann, mir die Zeichnung daher nicht gelingt, und es drohen sich Zweifel an meinen Fähigkeiten an.

Deshalb mache ich eine kurze Pause, versuche es erneut, so funktioniert es dann wieder wie von selbst, das Zeichnen bereitet keine Schwierigkeit her, die zuvor aufgetretenen Selbstzweifel verschwinden, und das neue Motto kann jetzt nur noch heißen: „Ausprobieren, radieren, korrigieren".

Es überkommt mich mehr und mehr die Lust und Leidenschaft, mit jedem Strich auf dem Papier nähere ich mich dem Ziel, wobei nach und nach die Augen, die Nase, der Mund, die Haare, die Schatten des Gesichtes und der Hintergrund entstehen.

Am Ende betrachte ich das fertige Bild mit voller Zufriedenheit und sage nur: „Es ist vollbracht".

(Sommer/Herbst 2001)

Der Schaffensprozess   Teil 2

Draußen in der naturgegebenen Landschaft, vor einer Staffelei sitzend, wird der Himmel zum Blitzgerät.

Bewegung und Licht bestimmen fortan das Erscheinungsbild der Körper.

Auf Leinwand gebannt erscheint eine Welt zwischen Wahrheit und Traum, zwischen Realismus und Abstraktion.

Dabei werden Gegenstände des Alltags schrittweise, fast unbemerkt mehr und mehr verfremdet.

Nichts bleibt mehr wie es vorher war.

Kunst mit vollem Körpereinsatz wird zunehmend auf den Maluntergrund sichtbar, sodass der Schaffensprozess zur Triebhaltung wird.

(Juli/ 2015)

Der Schaffensprozess   Teil 3

Zunächst brauchte ich, soviel sei an dieser Stelle gewiss, eine Idee, die mich zum Schreiben animiert und inspiriert.

Plötzlich kam sie fast aus dem Nichts, und ich schrieb einfach drauf los, ohne darüber nachzudenken, sodass ein fließartiger Schreibfluss entstand, den ich vorerst nicht stoppen und noch weniger kontrollieren konnte.

Es strömte nur so aus mir heraus, sodass eine Fülle von Worten vor meinen Augen sichtbar worden, die sich fast geheimnisvoll zu einen gewünschten Text formierten.

Schlagartig unterbrach eine unerwartete Kopfblockade meinen bisherigen Schreibprozess und eine unbändige Wut kam in mir hoch, da sich zwischenzeitlich mein Verstand zurückmeldete und fragte mich emotional aufgebracht: „Warum ausgerechnet jetzt"?

„Mehrfach durchatmen und weiterschreiben", hieß meine Devise und schuf nach einer angemessenen Pause eine innere Leere der Meditation in meinen Kopf für das Weiterschreiben.

Erst in der Endfassung benötigte ich den Verstand, um eine Balance zwischen Gefühl und plausibler Rahmenhandlung zu erzeugen, sodass ich am Schluss zufrieden feststellen konnte: „Es ist nun getan, was getan werden musste".

Die Gefahr beim Schaffensprozess

„Worauf sollte der Künstler beim Schaffensprozess stets achten"?

Erkenne: „In der Kunst ist nichts, absolut nichts erzwing-bar".

Es entwickelt sich quasi alles von selbst.

Dabei ist es entscheidend, den richtigen Augenblick zu erkennen, wann ein Kunstwerk fertig ist oder nicht.

Genau dies macht die Kunst am Ende aus.

Ist sich der Künstler dieser Tatsache nicht bewusst, scheitert er.

(April/ 2020)

Die Schreibinspiration

„Woher nehme ich bloß meine Inspiration zum Schreiben"?

„Ist alles ausschließlich ein literarisches Produkt meiner grenzenlosen Fantasie"?

„Nein, es beruht vieles auch auf meiner individuellen Lebenserfahrung beziehungsweise meiner persönlichen Beobachtung des Alltags".

Fiktion und Autobiografisches verschmelzen jetzt zu einer untrennbaren und kreativen Einheit.

Der Wiedererkennungswert mit meiner Person gilt ab sofort als gegeben, sodass ich als Autor die erforderliche Authentizität und Glaubwürdigkeit erlange.

Am Ende erkenne ich mit Stolz: „Ich bin jetzt endlich am Ziel meiner Träume".

(April/ 2020)

Der erfolgreiche Künstler

„Was ist meine Erfolgsstrategie als Künstlers"?

Schnell erkenne ich: „Schwierig zu beantworten".

„Bleibe ich mir stets selbst treu und übe ich mich daher
hartnäckig in Geduld"?

„Oder fahre ich doch lieber zweigleisig"?

Letztlich alles auch eine Frage des materiellen und finanzi-
ellen Überlebens.

Deshalb entscheide ich: „Die Auftragskunst für den
Geldbeutel und die tiefgründige Kunst für die Seele".

(April/ 2020)

(Inspiriert durch Uwe Schmidt)

Der Verdienst des Künstlers

Allzu oft wird zu Recht von der sogenannten brotlosen Kunst gesprochen.

Denn sie wird oftmals nur als überflüssige oder sogar im Extremfall als sinnfreie Dekoration wahrgenommen.

Somit findet sie selten die wohlverdiente Anerkennung und Würdigung in der Gesellschaft.

Daher ist es schwer, als Künstler Geld zu verdienen.

Und in wirtschaftlich schlechten Zeiten ist es häufig wichtiger eine kaputtgegangene Waschmaschine zu ersetzen, als Geld für ein schönes Gemälde auszugeben.

Deshalb ist es oftmals nicht entscheidend, ob Du tatsächlich ein guter oder eher ein schlechter Maler bist.

(April/ 2020)

(Inspiriert durch Uwe Schmidt)

Kunst: Der unendliche Prozess

Fast fließbandartig entstehen in Schaffensrausch Skizzen
auf Papier in Hülle und Fülle.

Keine fertigen Bilder, sondern vielmehr gedankliche und
emotionale Momentaufnahmen, die garantiert ihre Wir-
kung nicht verfehlen.

Denn die endgültige Umsetzung erfolgt nun auf der
Leinwand, fast wie von selbst.

Jedoch auch hier findet das Bild nicht seine wahre Vollen-
dung und Perfektion.

Eine Tatsache, die sich stets ein Maler bewusst sein sollte.

Ansonsten geht der Sinn des Malens verloren, und der
Künstler hört auf vor der Leinwand zu stehen.

(Juli/ 2015)

Die Dynamik in der Kunst

Die emotionale und schöpferische Flexibilität des Künstlers bleibt stets gefordert.

Ständig muss die Dynamik in seinen Schaffensdrang spürbar werden.

Findet dieses aber nicht mehr statt, kommt der kreative Geist irgendwann zum totalen Stillstand und stirbt wie der Künstler selbst.

Dabei vergesse nie, dass die Kunst ein Spiegel unserer Seele ist!

Daher sollte ein Schaffender niemals einen anderen Künstler nachahmen beziehungsweise kopieren, sei es beispielsweise in der Malerei, in der Dichtkunst oder auch in der Musik.

Macht jemand es doch, muss sich der Verantwortliche auch die Frage gefallen lassen, ob er überhaupt über eine Seele als Künstler verfügt oder letztlich doch nur ein Handwerker ist, der malt, schreibt oder komponiert.

(Oktober/ 2015)

Die Aufgaben der Kunst

„Ist Kunst stets politisch"?

„Und muss sie es auch immer sein"?

Zumindest sollte sie in keinen Fall missbraucht werden, sondern sollte stattdessen Verantwortung übernehmen.

„Wie kann dies in der alltäglichen Praxis erfolgen"?

Beispielsweise als Zerstreuung und Ablenkung in schlechten Zeiten, damit man als Leidgeprüfter neue Kraft und Energien tanken kann, um den weiteren Herausforderungen des gesellschaftlichen Lebens gewachsen zu sein.

Oder als moralisches Gewissen, um kritisch auf Missstände aufmerksam zu machen, mit dem Ziel, Menschen wachzurütteln und Veränderungen herbeizuführen, die unsere Gesellschaft entwicklungstechnisch im positiven Sinne voranbringt.

(April/ 2020)

(Inspiriert durch Jessika Kay)

Die Berühmtheit als Künstler

„Muss ich als Künstler unbedingt berühmt sein"?

„Nein, nur die Selbstverwirklichung ist tatsächlich von
Bedeutung".

„Muss ich als Künstler stets im Mittelpunkt stehen"?

„Nein, nur mein Werk bleibt wirklich wichtig".

„Muss ich als Künstler viel Geld verdienen"?

„Nein, aber ich muss zumindest all meine Rechnungen
bezahlen können".

(April/ 2020)

(Inspiriert durch Jessika Kay)

Der schonungslose Autor

Zugegeben, ich schone meine Leser nie.

Darin sehe ich auch nicht meine Aufgabe als Autor.

Eher im Gegenteil, ich spreche die Sachen an, die besonders wehtun.

Vermutlich fragt sich so mancher Leser: „Warum"?

Mein Anspruch ist es, gesellschaftskritisch zu sein, um die Menschen für neue Gedanken oder Ideen wachzurütteln.

Daher wäre ein literarischer Schongang inkonsequent und halbherzig.

(April/ 2020)

Die Zielsetzung

Mein Motto heißt nun: „Bleibe Dir selbst treu"!

Dabei erkenne ich: „Selbstehrlichkeit ist in diesem Zusammenhang ein wahrhaftig kostbares Gut".

Denn es ist nicht einfach, gegen den Strom zu schwimmen und gleichzeitig zu überleben.

Daher bedenke ich mit entsprechenden Kalkül: „Überleben funktioniert meist nur durch äußerliche Anpassung".

So bin ich gelegentlich gezwungen, einige Kompromisse einzugehen, wobei ich aber stets beachte, dass sie nicht zu viele Hindernisse offenbaren, die ein Weiterkommen für mich unmöglich machen.

Deshalb lautet das Ergebnis: „Gut überlegte kleine Schritte führen mich am Ende doch ans gewünschte Ziel".

(April/ 2020)

(Inspiriert durch Reinhard Klos)

Die Überlebensstrategie

Es entsteht die Frage: „Wie kann ich mich am Besten in Kurzform beschreiben"?

Ich erkenne: „Nach außen bin ich angepasst, und nach innen sehe ich mich eher als rebellische Natur".

Bedeutet im Klartext: „Formalien der Gesellschaft halte ich meist scheinbar ein, obwohl ich mich im tiefsten Inneren nicht immer an die politisch vorgegebenen Regeln halte".

Fakt ist: „Das Leben wird dadurch offensichtlich zur Mogelpackung".

Dabei drängt sich mir jetzt unweigerlich die Frage auf: „Ein Spiegelbild unserer heutigen Gesellschaft"?

Ich gestehe: „Nur so kann ich tatsächlich überleben".

(April/ 2020)

(Inspiriert durch Reinhard Klos)

Statussymbole

„Brauchen wir unbedingt handelsübliche Statussymbole wie Haus, Auto oder Schmuck in unserem Alltag"?

„Nein, sie zeigen uns häufig nur, dass wir innerlich leer sind".

Verzweifelt versuchen wir diese emotionalen Lücken durch maßloses Besitzstreben zu füllen, was aber nicht wirklich funktioniert.

Vielmehr kommt es darauf an, dass wir uns eine sinnvolle Aufgabe suchen, die uns seelisch und emotional erfüllt.

Entscheidendes Stichwort ist hierbei die Selbstverwirklichung.

Auf diesem Wege verfügen wir nun über die Option, unseren inneren Frieden zu finden, und gewisse materielle Dinge verlieren daher ihre ursprüngliche Bedeutung.

(Mai/ 2020)

Der Zwei-Klassenkampf

„Gibt es eine zunehmende soziale Ungerechtigkeit in
Deutschland"?

„Ja, die Schere zwischen arm und reich klafft immer wei-
ter auseinander".

Fakt ist: „Die gesellschaftliche Mittelschicht ist fast weg-
gebrochen, da das reale Lohnniveau jahrzehntelang ge-
sunken ist".

Um den Lebensstandard künstlich weiter am Leben zu
halten, müssen viele Menschen zusätzlich menschenver-
achtende Nebenjobs oder verhängnisvolle Schulden ma-
chen.

Hinzu kommt eine hohe Fluktuation am Arbeitsmarkt, die
für eine zusätzliche Unberechenbarkeit des Lebens sorgt.

„Wie lange wird dieses labile gesellschaftspolitische Sys-
tem noch auf diese Weise funktionieren"?

(April/ 2020)

**(Reales Lohnniveau: inflationsbereinigtes Einkom-
men.)**

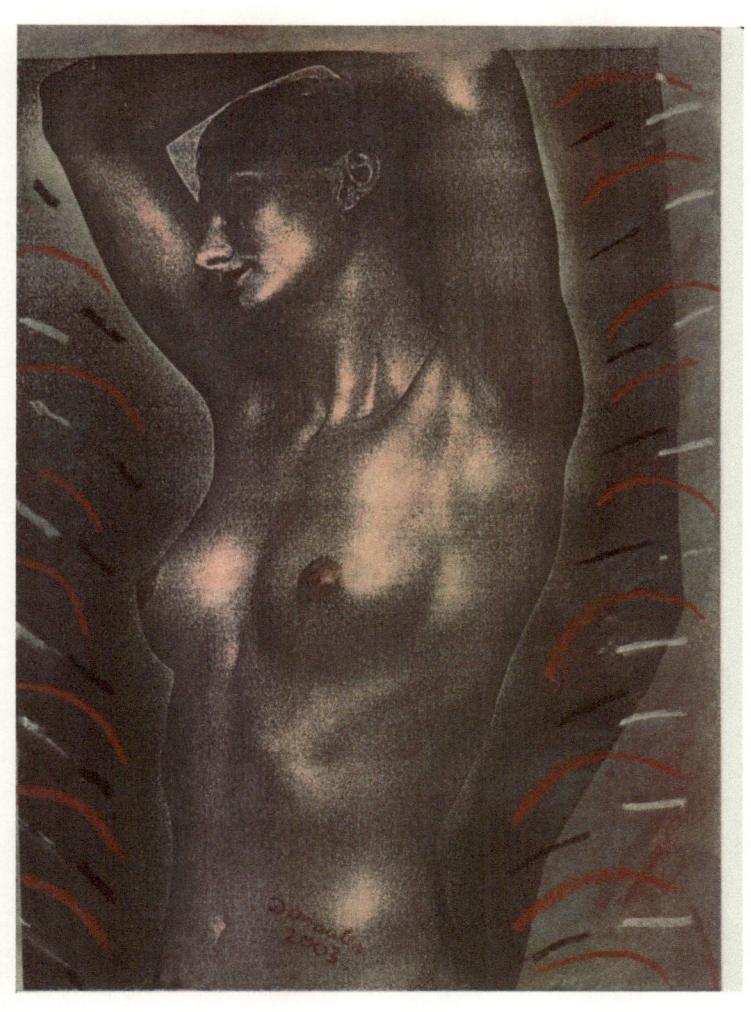

Die soziale Kälte

Tatsache ist: „Die Sozialstaatlichkeit ist im Grundgesetz verankert".

Somit verfügt jeder Bürger über das Grundrecht auf soziale Sicherung und Teilhabe am gesellschaftlichen Leben.

Jedoch trotz jahrelangen wirtschaftlichen Aufschwungs rutschen immer mehr Menschen an den gesellschaftlichen Rand, manche von ihnen stürzen dabei sogar in einen lebensgefährlichen Abgrund.

Diese bitterböse Realität erzeugt eine unerträglich zunehmende soziale Kälte.

Die Privatisierung der sozialen Sicherungssysteme und der menschenverachtende Niedriglohnsektor verdeutlichen diese offensichtliche Problematik.

Die Konsequenz: „Wachsende Schieflagen begünstigen Politik- und Staatsverdrossenheit, aber auch Fremdenfeindlichkeit".

(April/ 2020)

Das Gefühl als Arbeitsloser

Dreimal musste ich mich bereits arbeitslos melden und fragte mich jedes Mal wieder: „Warum"?

„Was mache ich bloß falsch", drängte sich mir unweigerlich als weitere Frage auf.

Selbstzweifel ließen sich in Anbetracht der schwierigen Situation nicht mehr vermeiden, und zuvor bestehende Perspektiven verschwanden schmerzlich spürbar vor meinen Augen.

Finanziell kämpfte ich um das nackte Überleben, ohne zu wissen, wie es aktuell weitergeht.

Im Sinne der Gesellschaft galt ich fortan nur als Mensch zweiter Klasse.

„Bin ich jetzt tatsächlich ein Versager des gesellschaftspolitischen Systems"?

(Anmerkung: Inspiration? Persönliche Lebenserfahrungen und Empfindungen, die zum Spiegelbild der Gesellschaft wurden. Langfristig sichere Arbeitsplätze sind zu einer sozialen Rarität des heutigen Zeitgeistes einer neoliberalen Wirtschaftspolitik geworden. Fluktuation am Arbeitsplatz gehört daher zur erschreckenden Normalität des Alltags. Nichts ist mehr wirklich fest planbar.

Die Ungewissheit über die eigene Zukunft wird aus diesem Grund als Angstfaktor zur Antriebskraft unseres Lebens. Gesellschaftlich wird ein enormer Druck auf die arbeitende Bevölkerung ausgeübt. Die logische Konsequenz? Dauerstress bis zur Altersrente.)

(April/ 2020)

Der soziale Egoismus

„Wie sozial ist unser Staat tatsächlich"?

Ein Hartz-IV-Empfänger wird beispielsweise zu 100 %
das Kindergeld in Abzug gebracht, obwohl er es dringend
zum Leben benötigt, während ein Multimillionär, der
nachweislich auf dieses Geld nicht angewiesen ist, es mit
absoluter Selbstverständlichkeit ohne Gegenrechnung
ausgezahlt wird.

Darüber hinaus muss hier auch erwähnt werden, dass die
Almosen, die Bedürftige vom Staat erhalten, nicht unbe-
dingt das Ergebnis absoluter Selbstlosigkeit darstellen,
sondern vielmehr Ausdruck des Egoismus im gesell-
schaftspolitischen System sind.

Zweifelsfrei löst diese Aussage eine Irritation beim Leser
dieser Zeilen aus, und es drängt sich ihm zwangsläufig die
naheliegende Frage auf: „Wieso ist unser Sozialstaat egois-
tisch"?

Nur wenige Betroffene werden erfahrungsgemäß für ihre
Rechte auf die Straße gehen, wenn der Kühlschrank zu-
mindest nicht vollständig leer ist.

Dabei sollte niemand vergessen, dass die Sozialleistungen
so angesetzt sind, dass jeder zwar genug erhält, um nicht
zu sterben, aber zu wenig hat, um davon menschenwürdig
leben zu können.

Die wahre Unsterblichkeit

„Gibt es ein Weiterleben nach dem Tod"?

Jemand der eine Familie gründet, lebt durch seine Kinder weiter.

Ein Wissenschaftler tut es durch seine Erfindungen.

Und ein Künstler erreicht dieses Ziel durch seine geschaffenen Werke.

Alles andere ist letztlich nur Wunschdenken.

Fakt ist: „Der Mensch verdrängt die Angst vor dem Tod".

(April/ 2020)

(Inspiriert durch Albin Kummer)

Das reduzierte Bewusstsein des Menschen?

Fressen.

Saufen.

Ficken.

„Und sonst nichts"?

„Ist es vielleicht sogar der wahre Spiegel unserer Gesellschaft"?

„Hoffentlich nicht".

(Oktober/ 2015)

Die digitale Bedrohung

Künstlich wird eine digitale Welt mit Suchtpotenzial erschaffen, wobei Kinder und Jugendliche, bereits in frühen Lebensjahren mit Handy und Computer ausgestattet, zu dressierten Konsummonstern mutieren, Menschen zunehmend im Internet vereinsamen und persönliche Vieraugengespräche sich zu einer absoluten Rarität entwickeln.

Dabei wird eine emotionale Abhängigkeit, durchaus vergleichbar mit der Drogensucht, erzeugt, mit dem Ergebnis, dass viele Menschen diese sogenannten Errungenschaften nur deshalb besitzen wollen, weil sie existieren, aber nicht unbedingt tatsächlich benötigt werden.

Ein Leben ohne diese Dinge ist kaum vorstellbar, sodass fast unbemerkt eine neue Form der Diktatur entsteht.

Die geldgierige Wirtschaft macht rücksichtslos hohe Profite, indem sie gewissenlos und gezielt die digitale Welt mit Fehlern ausstattet, sodass sie ständig erneuert werden muss statt auf Nachhaltigkeit zu setzen.

Und das gesellschaftspolitische System perfektioniert seinen Überwachungsstaat ohne Gegenwehr in der Bevölkerung.

Kaum jemand ist sich dieser Tatsachen bewusst, und es entsteht die berechtigte Frage: „Wohin wird uns diese Erkenntnisse am Ende führen"?

(Inspiriert durch Thomas Sichelschmied)

(März/ 2020)

Was bedeutet eigentlich konservativ?

Heiß und innig wird dieser Begriff in der Religion und in der Philosophie diskutiert, mit dem Ergebnis, dass es sich hierbei um die Bewahrung von gesellschaftlichen Werten handelt.

Dabei entsteht zwangsläufig die Frage: „Welche Werte sind nun tatsächlich gemeint"?

Reaktionäre Kräfte geben nur allzu gerne vor, wertekonservativ zu sein und praktizieren stattdessen eher eine neoliberale und sozialfeindliche Wirtschaftspolitik.

Unbestreitbar eine moralische Lüge der Verantwortlichen und eine schallende Ohrfeige für die Schwachen in der Gesellschaft.

Denn in Wahrheit geht es nur um die zunehmende Spaltung von arm und reich, welches mit eiskalten Kalkül betrieben wird.

Hingegen wahre konservative Werte werden getragen durch Toleranz, Akzeptanz, Respekt, Ehrlichkeit, Vertrauen, Loyalität, Solidarität, soziales und friedliches Miteinander.

(Inspiriert durch Jessika Kay)

(März/ 2020)

Die Bedeutung von Arbeit Teil 1

Viele Menschen definieren sich hauptsächlich nur über
ihre Arbeit.

Sie bedeutet oftmals sogar ein Statussymbol für sie.

Meist wissen sie sonst nichts mit sich anzufangen.

Ich brauche hingegen keine Beschäftigungstherapie in
Form von Arbeit im gesellschaftsüblichen Sinne.

Daher sah ich sie meist nur als Broterwerb, mehr nicht.

„Jedoch wo bleibt hier die Selbstverwirklichung", frage ich
mich nun in diesem Zusammenhang immer häufiger.

(März / 2020)

**(Anmerkung: Inspiration? Die normale und leis-
tungsbezogene Arbeitswelt in der Tretmühle der All-
tagsstruktur, die meist nur aus Stress, Mobbing,
Konkurrenzdenken und Ellenbogengesellschaft be-
steht.)**

Die Bedeutung der Arbeit Teil 2

Der Zwang des Geldverdienens ist uns allen gegenwärtig, aber es entsteht hierbei auch die Frage: „Ist dies schon alles im Berufsleben"?

Für mich bedeutet die Arbeit als Künstler, endlich das Gefühl zu haben, am richtigen Ort angelangt zu sein.

Auf Gleichgesinnte zu treffen, die genauso empfinden wie ich.

Eine Tätigkeit auszuüben, die mich voll befriedigt.

Dafür Malerutensilien und Räumlichkeiten gestellt zu bekommen.

„Ist Arbeit daher nicht vielmehr die Erfüllung des kreativen und schöpferischen Geistes"?

(März/ 2020)

(Anmerkung: Inspiration? Meine Tätigkeit als Künstler im Atelier. Fakt ist: „Geld allein macht nicht glücklich". Es muss aber genug sein, dass ich von meinen Einkommen menschenwürdig leben kann. Die Freude an der Arbeit ist dabei wichtiger als materieller Luxus. Geld kann die seelischen Bedürfnisse des Menschen nur bedingt befriedigen.)

Die Bedeutung von Freundschaften

Wir leben im Zeitalter der gekränkten Eitelkeiten und der gesellschaftstypischen Oberflächlichkeit, wo letztlich jeder fast ausschließlich mit sich selbst beschäftigt ist.

Zwar scharrt man eine Vielzahl von Menschen um sich herum, aber meist sind es nur flüchtige Bekanntschaften, die man wie Briefmarken sammelt.

Es sind Statussymbole, die uns die selbstbetrügerische Illusion vermitteln, nicht allein zu sein.

Jedoch wahre Freundschaften sind eine absolute Rarität.

Sie symbolisieren eine selbstausgesuchte Familie.

Häufig erkennt man sie erst in Krisenzeiten.

(Inspiriert durch Jessika Kay)

(März / 2020)

Die Voraussetzung von Freundschaften

„Was setzt Freundschaft eigentlich voraus"?

Zweifelsfrei eine Beziehung auf Augenhöhe.

Bedeutet im Klartext: „Eine gleichberechtigte Beziehung".

Gegenseitige Hilfsbereitschaft ist daher gefordert.

Somit wird Einseitigkeit im Handeln vermieden, die meist sonst in Form von Egoismus im Blickpunkt der Betrachtung steht.

Dies erzeugt Loyalität, Respekt, Akzeptanz, Solidarität und auch Toleranz, was wiederum Ausdrücke konservativer Werte sind.

(Inspiriert durch Jessika Kay)

(Frühjahr 2020)

Das Ende der Freundschaft?

Plötzlich entsteht die Frage: „Woran scheitern vereinzelnd Freundschaften"?

Fakt ist: „Wir entwickeln uns nahezu täglich weiter".

Wir erkennen: „Manche von uns können die Weiterentwicklung des anderen oftmals nicht mittragen".

Dies liegt durchaus in unserer menschlichen Natur.

Daher entwickeln sich gelegentlich Menschen auseinander, sodass sich die Wege zwangsläufig wieder trennen können.

Erfahrungsgemäß kann diese Form der Realität zum Kreislauf des Lebens dazugehören.

(Inspiriert durch Jessika Kay)

(März / 2020)

Die Gefahr der Autorität

Offenbar verspüren viele Menschen eine große Sehnsucht nach starker Führung, die uns vorgibt, wie wir zu leben haben.

Es weckt die trügerische Illusion nach mehr Sicherheit und Geborgenheit.

Dafür akzeptiert so mancher sogar, zumindest vorerst, paradoxerweise, dass die eigene Freiheit und die persönliche Individualität abhanden kommen.

„Was ist dabei nun die logische und folgerichtige Konsequenz"?

Die angebliche Sicherheit entlarvt sich schnell als Diktatur, die keine eigene Meinung mehr zulässt.

Was jetzt übrigbleibt, ist die ständige Angst bei der Umkehr der Meinung am Ende doch entdeckt zu werden.

(März/ 2020)

(Anmerkung: Beispiele für solche Gefahren sind Autokratien oder Diktaturen wie die Türkei, Brasilien, Ungarn, Polen, Russland, China oder Nordkorea. Die Liste könnte ich endlos fortsetzen, aber die Unrechtsstaaten sind uns auch so bekannt, ohne dass ich sie an dieser Stelle unbedingt erwähnen muss.)

Warum ausgerechnet die EU?

„Nur ein Parlament bestehend aus Bürokraten mit unsinnigen Bestimmungen"?

„Oder nur eine reine Wirtschaftsgemeinschaft, wo ausschließlich große Unternehmen und riesige Konzerne profitieren"?

Jedoch siehe auch: „Es gab nie wieder Kriegsgeschrei innerhalb dieser Wertegemeinschaft".

Und es gibt große Herausforderungen wie z.B. die zunehmende soziale Spaltung in der Gesellschaft, den bedrohlichen Klimawandel, die nichtabnehmenden Flüchtlingsströme, die Digitalisierung oder auch die sonstigen Gefahren der Globalisierung.

Gemeinsam als Solidargemeinschaft können wir es schaffen, diese Dinge zu meistern, aber nicht jeder Einzelne für sich allein.

Daher ist die EU alternativlos, wobei allerdings Einsicht gefordert ist und Egoismen zurückgestellt werden müssen.

(März/ 2020)

(Anmerkung: Fakt ist: „Die EU ist trotz ihrer Vorzüge meines Erachtens reformbedürftig". Das Prinzip der Einstimmigkeit sollte daher endgültig der Vergangenheit angehören.

Wichtige Entscheidungsprozesse können sonst durch die Egoismen einzelner Staaten blockiert werden. Auf Dauer könnte auf diese Weise die Wertegemeinschaft wieder zerstört werden. Die Folgen wären fatal für Europa, vielleicht sogar für den Rest der Welt.)

Biedermann und die Brandstifter

Die AfD, getarnt in Biedermann-Gewand, meist als Hetzer und Spalter unterwegs, spritzt sie Hass und Angst als ein schleichendes und doch schnellwirkendes Gift in die Gesellschaft, nur um eine Daseinsberechtigung in der Politik zu erhalten.

Lichterloh brennt die Stimmung, wenn die AfD haltlos und ungeniert an vorderster Front mit der gleichgesinnten Pegida-Bewegung voranmarschiert, in der Gewissheit, Lügen in menschenverachtender Weise über Andersdenkende zu verbreiten, wobei fast wie selbstverständlich an den Grenzen auf hilflose Flüchtlinge geschossen werden darf, die Umweltaktivistin Greta Thunberg zum absoluten Feindbild erklärt wird, Homosexuelle grundlos als kranke Kriminelle gelten oder behinderte Menschen zwangssterilisiert gehören.

Natürlich alles nur, um die inhaltliche Leere der AfD mit einem geistesgestörten Weltbild zu füllen, wobei der Holocaust nebenbei als Vogelschiss in der deutschen Geschichte abgetan wird, sodass Anschläge wie in Halle oder Hanau fast schon zur erschreckenden realen Normalität im heutigen Deutschland geworden sind und in schockierender Weise an das dunkle Kapitel der Reichskristallnacht von 1938 erinnern.

Dabei wird zielstrebig mit moralisch verwerflichen Mitteln seitens der AfD eine demokratiegefährdende Gleichschaltung ihrer teuflisch gearteten Meinungsmache anvisiert, wobei unerfahrene und naive Schüler dazu angestiftet werden, Lehrer zu denunzieren, die sich kritisch zur Partei äußern.

Skrupellos frisst die AfD am Ende strategisch Kreide, um sich hinterher als missverstandene Opfer der angeblich getäuschten Öffentlichkeit zu präsentieren und beschimpft unterschwellig in gefährlicher Goebbels-Manier die Medien als sogenannte Lügenpresse.

Fakt ist: Die AfD verursacht, schonungslos durch die aktuellen Ereignisse in Thüringen offengelegt, gezielt und zerstörerisch Chaos und Unruhe, um die Demokratie in Deutschland und Europa zu destabilisieren, wobei gewissenlos mit eiskalten Kalkül Oper- und Täterrollen flexibel vertauscht werden, sodass lautstark der Ruf ertönen muss: „Nazis raus".

(Ende Februar 2020)

(Anmerkung: Zwar übt die AfD nicht die hier erwähnten Anschläge selbst aus, aber ermuntert andere mit ihren menschenverachtenden Äußerungen, sie auszuführen.)

Warum ausgerechnet die AfD?

„Nur eine Protestnote an die etablierte Politik"?

„Ein latenter Rassismus der Gesellschaft, der sich nun allmählich an die Öffentlichkeit traut"?

Zumindest ist Unzufriedenheit eine vorherrschende Tatsache, und es entsteht die nachvollziehbare Frage: „Warum"?

Versprechungen der bisherigen Politik wurden vielfach nicht eingehalten, und überall vernimmt man daher erschreckende Äußerungen wie z.B. „ich will keine Überfremdung der Gesellschaft"; „Flüchtlinge erhalten mehr Sozialleistungen als Deutsche" oder „Ausländer nehmen uns die Frauen und die Arbeitsplätze weg".

Unabhängig vom Wahrheitsgehalt dieser Aussagen, ein dankbarer Nährboden für radikale Kräfte, die allzu gern den Menschen nach dem Mund reden, nur um gewählt zu werden.

„Jedoch wo befinden sich dessen vielversprechende Konzepte"?

(Inspiriert durch C. Alonso)

(Anmerkung: Adolf Hitler kam insbesondere durch sogenannte Protestwähler an die Macht. Denn vor der Regierungsübernahme durch die Nazis gab es eine große Wirtschaftskrise zur Zeit der Weimarer Republik mit mehr als sechs Millionen Arbeitslosen in Deutschland. Daher darf niemand die aktuelle feindselige Stimmung gegenüber Fremden in Zeiten der Flüchtlingskrise und der Corona-Pandemie unterschätzen. Irgendwann richtet sie sich auch gegen uns. „Hauptsache der ideale Sündenbock wird gefunden", heißt nun hierbei die Devise der rechtsradikalen Szene. Früher waren die Juden verantwortlich für das Unglück der Welt, heute sind es die Flüchtlinge.)

(März / 2020)

Der Klimawandel Teil 1

Kurzfristige Profite für eine elitäre Minderheit stehen im
Vordergrund des planetarischen Geschehens.

Die maßlose Gier der Verantwortlichen macht blind für
das Wesentliche in unserer Welt.

Und die Macht des Geldverdienens verhindert eine Um-
kehr des gefährlichen Irrweges der Menschheit.

Daher ist die Selbstzerstörung die unausweichliche und
tragische Konsequenz.

„Wo bleibt die Investition in die notwendige Nachhaltig-
keit"?

„Bleibt uns am Ende nur die Hoffnungslosigkeit"?

(Frühjahr 2020)

(Anmerkung: Der oben beschriebene Heuschrecken-kapitalismus ist nur deshalb möglich, weil ewig Gestrige wie beispielsweise US-Präsident Trump, der den Klimawandel als Fake einstuft, Umweltauflagen der Vorgängerregierung wieder beseitigt und aus dem Pariser Klimaabkommen aussteigt oder Brasiliens Präsident Bolsonaro, der rücksichtslos und brutal unsere grüne Lunge abholzt, bisher gar nicht gestoppt wurden.
Daher ist dringend eine verantwortungsbewusste Politik gefordert. Wirtschaftliche Sanktionen könnten in diesem Kontext ein wirksames Mittel gegen weitere Umweltkatastrophen sein.)

Der Klimawandel   Teil 2

Die Hoffnung stirbt bekanntlich immer zuletzt.

„Jedoch ist unser Planet überhaupt noch zu retten"?

Die negativen Vorzeichen der mutwilligen Ignoranz lassen
bereits Böses erahnen.

Die Lernfähigkeit des Menschen ist längst infrage gestellt.

Daher findet die blinde und beispiellose Zerstörungswut
seine unbarmherzige Fortsetzung.

Am Ende bleibt wohlmöglich nur die Ohnmacht.

(Frühjahr 2020)

**(Anmerkung: „Die aktuelle Umweltsituation ist als
existenzgefährdend einzustufen", lautet nun das
ernüchternde und erschreckende Fazit. Die endgülti-
ge Katastrophe kommt uns daher bedrohlich nahe.
Die bisherige Ignoranz, die damit in Zusammenhang
steht, stufe ich aus diesem Grund als hochgradig
kriminell ein. Wir müssen endlich konsequent um-
denken! Somit ist das jetzige Jahrzehnt entscheidet,
ob wir den Planeten noch retten können oder nicht.
Dabei bedenke: „Es geht nicht nur um das Überle-
ben der Natur, sondern auch um das Fortbestehen
der Menschheit".)**

Friday for Future

Die Vorboten der Selbstzerstörung sind zweifelsfrei erkennbar: „Der Erdball erwärmt sich rasend, das Ozonloch wächst bedrohlich, Tierarten sterben unübersehbar aus, die Müllberge verschmutzen in unerträglichen Maße die Umwelt, der Meeresspiegel steigt dramatisch, die Gletscher schmelzen kontinuierlich, das Klima spielt spürbar verrückt und die Natur verliert allmählich das Gleichgewicht".

Der Wirtschaft interessiert in ihrer rücksichtslosen und raffgierigen Manier nur der hohe Profit und die Politik blieb dabei jahrzehntelang ihr krimineller Komplize, meist mit der Gewissheit, dass man Geld weder essen, trinken noch atmen kann.

Trotzdem gibt es ein Lichtblick am Horizont, weil die Jugend gegen die Missstände der Globalisierung rebelliert, indem die Verantwortlichen zur Umkehr und zur Vernunft ermahnt werden.

Überrumpelt von der Bewegung der Massen, beschimpft die Politik die Jugend salopp als Schulschwänzer, und Rechtsextreme wie beispielsweise die AfD konstruieren sogar haltlose Verschwörungstheorien zur Umweltaktivistin Greta Thunberg.

„Jedoch was nützt uns ein guter Schulabschluss, wenn es keine Zukunft mehr für uns gibt", kontert die Jugend zu recht aufgebracht.

Um ihr Gesicht zu wahren und ihr schlechtes Gewissen zu beruhigen, schnürt die Politik endlich ein sogenanntes Klimapaket, aber dennoch entsteht die berechtigte Frage: „Ist es tatsächlich in Anbetracht der Situation noch ausreichend"?

(März / 2020)

(Anmerkung: Zunehmende Extrem-Wetter-Situationen, wie wir sie aktuell seit einigen Jahren verstärkt erleben, dokumentieren gnadenlos den Klimawandel. Diese Tatsache führt zu immer mehr schlechten Ernten, sodass die Grundversorgung der Menschheit auf Dauer gefährdet ist. Unterstrichen wird diese Realität durch die dramatisch wachsende Weltbevölkerung. Außerdem werden wir mit einen zunehmenden Trinkwassermangel konfrontiert. Ein brutaler Verteilungskrieg der Ressourcen kann entstehen, wenn wir so weitermachen wie bisher. Das Ausmaß der Auseinandersetzung lässt sich nicht abschätzen. Die Konsequenz? Eine bedrohliche Zunahme der Unberechenbarkeit des Lebens ist die Folge.)

Das persönliche Umweltpaket

Lautstark ertönt zu recht der Ruf nach der Politik oder der Wirtschaft, aber wir müssen genauso selbstkritisch erkennen, dass jeder Einzelne von uns seinen Beitrag leisten kann und sogar muss, sodass für mich die Frage entsteht: „Was kann ich persönlich für die Umwelt tun"?

„Muss ich für dieses Ziel einfach nur demonstrativ auf die Straße gehen", taucht bei mir unweigerlich als weitere Frage auf.

Zugegeben, ein guter Anfang, aber schnell erkenne ich: „Es reicht nicht".

„Welche Konsequenzen hat diese Erkenntnis", frage ich mich als nächstes.

Die Antwort lautet: „Ich muss beispielsweise bewusster leben, indem ich kein Auto fahre, öffentliche Verkehrsmittel nutze, keine Kurzflüge mehr plane, Kreuzfahrtschiffe meide, Ökostrom beziehe, sparsam mit den Ressourcen umgehe, keine Plastiktüten mehr kaufe, mehr Biolebensmittel esse und deutlich weniger Fleisch konsumiere".

Natürlich ist es noch nicht die endgültige Lösung des Problems, aber ein guter Start, den jeder von uns ausprobieren sollte, weil es sich lohnt.

(März/ 2020)

Corona-Virus (Momentaufnahme)
Teil 1

Ein besonders hartnäckiger und bissiger Virus verschafft sich aktuell einen Auftritt in der Natur, breitet sich zunächst nur langsam, dann aber sprunghaft flächendeckend in rasanten Tempo in der gesamten Zivilisation aus.

„Was nun", fragt sich besorgt die Öffentlichkeit und weckt die Sensationslust der Medien, die kaum noch Raum für andere Themen zulassen, sodass uns spürbar die Luft zum Atmen genommen wird.

In Endlosschleifen werden wir mit Informationswiederholungen über das Virus konfrontiert, was wiederum Panik bei uns Menschen auslöst, die uns zu irrationalen Hamsterkäufen in Geschäften animieren und das Schlechte in uns hervorruft wie z.b. den Diebstahl von Desinfektionsmitteln in Krankenhäusern oder den überteuerten Angebot von Schutzmasken im Internet.

Beim Anblick des Virus kollabiert die Weltwirtschaft, sodass Aktienkurse in die Knie gezwungen werden, Existenzen in Form von Arbeitsplätzen in Gefahr geraten oder möglicherweise Versorgungsengpässe entstehen können.

Kontrollverlust ist die unausweichliche Konsequenz, so-dass die Politik nur den Ausnahmezustand ausrufen kann, mit dem Ergebnis, dass Sport- und Kulturveranstaltungen ausschließlich vor Geisterkulissen stattfinden, das Bildungssystem vor neuen Herausforderungen steht und Reisen als lebensgefährlich eingestuft werden.

Alles verselbständigt sich, nichts ist wie es vorher war und Lähmungsprozesse in der Gesellschaft sind unvermeidbar, wobei klare Gedanken zum Luxusgut werden, menschliche Nähe zum Gesundheitsrisiko erklärt wird, Hysterie und Stress mittlerweile fast wie selbstverständlich zum Alltag dazugehören und nichts ist mehr wirklich planbar.

(März / 2020)

Corona-Virus (Momentaufnahme) Teil 2

Unbedingt unnötige Panik vermeiden!

Daher absolute Ruhe bewahren!

Hygienevorschriften genau beachten!

Händeschütteln in jedem Fall unterlassen!

Großen Menschenansammlungen möglichst aus dem Weg gehen!

Und Reisen nur, wenn es wirklich notwendig ist!

(März/ 2020)

Corona-Virus (Momentaufnahme)
Teil 3

Sorgenvolle Gesichter.

Von der Angst gezeichnet.

Spürbar in Panik versetzt.

Schock-Starre tritt ein.

Ungewissheit entsteht.

Und die Welt kommt in Quarantäne.

(März/ 2020)

Neue Corona-Schlagzeilen

Ehefrauen können nun endlich aufatmen: „Prostituierte müssen aus Mangel an Beschäftigung Kurzarbeitergeld beantragen".

Gute Zeiten für Schwarzfahrer: „Öffentliche Verkehrsmittel sind dank fehlender Fahrkartenkontrollen ab sofort kostenlos".

Die Wiederentdeckung demokratischer Werte: „Keiner interessiert sich mehr ernsthaft für die AfD".

Neue experimentierfreudige Küche: „Spaghetti mit Klopapier serviert".

Rentenreform erfolgreich: „Großer Babyboom wird demnächst erwartet".

Und Greta Thunberg freut sich: „Nur wenige reiselustige Flieger sind unterwegs".

(März/ 2020)

Corona und die AfD (Die Offenlegung politischer Inkompetenz?)

Unbestreitbar herrscht der Ausnahmezustand in der Gesellschaft, nichts ist wie es vorher war, und alles wird immer unberechenbarer.

Seltsamerweise bleibt die AfD auffällig stumm beim Thema Corona.

Zuvor groß das Maul aufgerissen.

Nun komplett in der Versenkung verschwunden und ausschließlich mit sich selbst beschäftigt.

Kein Aufruf mehr: „Wir sind das Volk".

Kein brauchbares Krisenmanagement, nur heiße Luft, die schnell verpufft.

(März / 2020)

(Anmerkung: Die AfD profitiert ausschließlich von der Unzufriedenheit der Bürger. Dies ist unverkennbar der dankbare Nährboden dieser dubiosen Partei. Doch diese politische Gruppierung verfügt über keinerlei pragmatische Konzepte für die Bürger, die zu Lösungen von Krisen beitragen. Wo bleibt daher die Gegenleistung für das zuvor geschenkte Vertrauen?)

Corona: Die globale Herausforderung?

„Globale Probleme erfordern globale Lösungen"?

Selbstverständlich, aber die Nationen der Welt handeln nicht gemeinsam als Solidargemeinschaft.

Stattdessen: „China vertuscht als Herkunftsland des Virus wochenlang seine Existenz, nur um sein Gesicht zu wahren, Großbritannien unterschätzt leichtsinnig die Tragweite des Problems und meint wie üblich seinen eigenen Weg gehen zu müssen, die US-Regierung merkt in typischer America-First-Manier an, dass es sich hierbei um ein ausländisches Virus handelt und Brasiliens Staatsoberhaupt Bolsonaro behauptet sogar, dass das Virus ein Fake ist, indem er rücksichtslos seinen Anhängern weiterhin die Hände schüttelt und Selfies davon macht.

Schonungslos offenbaren sich die Arschlöcher der Welt und sorgen für eine gefährliche Verbreitung des Virus.

Daher kann das Appell hier nur noch lauten: „Wacht endlich auf und reagiert der Situation angemessen"!

Nur so haben wir eine reale Chance gegen das Virus.

(Inspiriert durch C. Alonso)

(Anmerkung: Die Pandemie ist erst dann wirklich beendet, wenn uns ein Vakzin zur Verfügung steht, und in allen Ländern der Welt geimpft wurde. Dieses Ziel wird aber nur dann erreicht, wenn es eine internationale Zusammenarbeit zwischen den einzelnen Ländern gibt. Daher müssen wir unseren persönlichen Egoismus zurückstellen und zwar zu unseren eigenen Schutz. Ansonsten drohen uns Mutationen, die wir irgendwann nicht mehr kontrollieren können.)

(März/ 2020)

Corona und die Verantwortung

„Gehöre ich zur Risikogruppe"?

„Vermutlich nicht".

„Habe ich Angst, mich anzustecken"?

„Eher weniger".

„Halte ich mich trotzdem an die Hygienevorgaben und
den Sicherheitsabstand"?

„Ja, aus Rücksicht auf andere".

(April/ 2020)

**(Anmerkung: Ich trage trotz verfassungsrechtlicher
Bedenken jede Maßnahme mit, die zu Eindämmung
der Pandemie vorgenommen wird, solange sie nach-
weislich tatsächlich zielführend ist und nur zeitbe-
grenzt ihre Gültigkeit behält. Darüber hinaus muss
eine regelmäßige Überprüfung der jeweiligen Maß-
nahme erfolgen, ob die Notwendigkeit dafür tatsäch-
lich noch gegeben ist. Ansonsten wäre sie für mich
nicht mehr als angemessen und verhältnismäßig ein-
zustufen. Klagen vor dem Bundesverfassungsgericht
wären in solchen Fällen die unvermeidliche und fol-
gerichtige Konsequenz.)**

Corona und die Distanz (Nähe durch Distanz?)

1,5 Meter Abstand ist nun zum Gegenüber gefordert.

„Ist es tatsächlich ein Schutz vor uns selbst"?

Keine menschliche Nähe ist mehr möglich.

Ein luftleerer Raum entsteht.

Keine Berührungspunkte mehr fühlbar.

„Entsteht eine Lücke, die sich nicht mehr schließt"?

(Mai/ 2020)

(Anmerkung: Die psychischen Folgen der Pandemie darf niemand unterschätzen. Trotzdem wird diese Form der Kollateralschäden weitgehend von den Medien und der Politik gleichermaßen totgeschwiegen. Stattdessen werden bei uns Bürgern sogar die Angstsymptome durch unverantwortliche Panikmache sogar noch zusätzlich verstärkt. Warum? Und wie hoch ist in diesem Zusammenhang die Selbstmordrate? Keine Antworten, nur eine erschreckende und beängstigende Stille entsteht.)

Corona: Ein Lernprozess?

„Ist das Virus nur eine flüchtige Momentaufnahme"?

„Oder verändert das Virus die Menschheit"?

„Kann das Virus sogar ein Selbstreinigungsprozess unserer inneren Natur sein"?

„Lernt der Mensch dadurch aus seinen bisherigen Fehlern"?

„Nutzen wir die Chance für positive Veränderungen"?

„Oder kehren wir am Ende der Pandemie ohne Lerneffekt zum ursprünglichen Alltag zurück"?

(Inspiriert durch C. Alonso)

(Anmerkung: Die aktuelle Pandemie ist unverkennbar ein Warnschuss der Natur. Gehen wir in Zukunft nicht verantwortungsbewusster mit unserer Schöpfung um, wird es konsequenterweise weitere Pandemien geben. Das Ausmaß der Katastrophe könnte größer werden als jetzt.)

(März/ 2020)

Corona: Die neue Chance?

Rücksichtslos, ohne darüber nachzudenken, zerstören wir unseren schönen Planeten und sind nur an hohes Profitstreben interessiert.

Dabei behalten wir ausschließlich den materiellen Reichtum im Blick und vernachlässigen Familie und Freunde.

So geraten wir in einem Zustand der ständigen Unzufriedenheit und fragen uns: „Warum"?

Purer Egoismus, gepaart mit dauerhaftem Stress, lassen ein Solidargefühl in der Gesellschaft vermissen.

Kein bewusstes Erleben oder Genießen mehr.

Nun zwingen uns veränderte Lebensumstände unser bisheriges Dasein radikal zu überdenken, sodass wir jetzt über die Möglichkeit verfügen, alles neu zu sortieren und sind so in der Lage, uns wieder mehr auf das Wesentliche zu konzentrieren.

(Inspiriert durch C. Alonso)

(März / 2020)

Corona: Die neuentdeckte Freiheit?

Das öffentliche Leben steht kurz vor dem Stillstand, und die Wirtschaft erlahmt.

Für viele Menschen muss der Stundenplan daher neu geschrieben werden.

Temporeduzierung ist jetzt die folgerichtige Erkenntnis.

Die Auseinandersetzung mit sich selbst beginnt.

Nun gibt es die Option, neue Seiten bei sich zu entdecken, die man zuvor kaum für denkbar hielt.

„ Entsteht eine neue Form der Freiheit"?

(März/ 2020)

Corona und das Gewissen

Eine unübersehbare Überlastung der Krankenhäuser ist die Folge.

Der Pflegenotstand ist daher die unausweichliche Konsequenz.

„Was entscheidet jetzt über Leben und Tod"?

„Möglicherweise nur das Alter"?

„Oder doch die tatsächliche Überlebenschance des Patienten"?

Zweifelsfrei eine Frage der Ethik und der Moral.

(März / 2020)

(Anmerkung: Das Corona-Virus offenbart schonungslos die gesellschaftlichen Schwachstellen. Das jahrelange Kaputtsparen am Gesundheitssystem rächt sich nun auf sehr grausame Weise. Das Versagen der bisherigen Politik wird immer offensichtlicher. Es führt zu einer Überlastung des Gesundheitssystems, und die Patienten sterben wie die Fliegen.)

Corona und die USA

Corona offenbart erbarmungslos die Schwächen des neoliberalen Wirtschaftskurses der USA.

Denn selbst dort gibt es offiziell das Recht auf Unversehrtheit eines jeden einzelnen Menschen.

„Jedoch kann dieses Land diesen Ansprüchen überhaupt gerecht werden"?

Tatsache ist: „Das Gesundheitswesen unterliegt knallhart den Gesetzen des Marktes, und viele Amerikaner können sich aus diesem Grund keine Krankenversicherung leisten".

Somit ist für viele Menschen keineswegs eine gesundheitliche Versorgung garantiert.

Die Konsequenz: „Massengräber, die uns schockieren".

(April/ 2020)

Corona: Ein neuer Virus?

„Ist Corona wirklich ein neuartiger und unbekannter Virus"?

„Ist er tatsächlich so gefährlich, wie allgemein angenommen"?

„Vielleicht sogar vergleichbar mit der Pest im Mittelalter"?

„Oder handelt es sich hier um eine vorgespielte Illusion"?

„Wenn ja, warum"?

„Geht es in Wahrheit um Geld und Macht"?

(Inspiriert durch C. Alonso/ Thomas Sichelschmied)

(Anmerkung: Bürger, die sich kritisch zur Corona-Politik äußern und auf der Straße demonstrieren, werden häufig von Politik und Medien gleichermaßen als sogenannte Corona-Leugner eingestuft und sind somit automatisch zu Nazis klassifiziert. Denn das Wort Corona-Leugner hört sich erschreckend ähnlich an wie Holocaust-Leugner.

Absicht? Muss ich leider bejahen.

Aus meiner Sicht ein fieses Instrument der Meinungsmache und der Manipulation. Treibt nicht ausgerechnet dieses leichtfertige Statement der Öffentlichkeit Bürger, die zuvor durch knallhart durchgeführte Corona-Maßnahmen sozial abgehängt sind, in die offenen Arme von gefährlichen Rechtsextremen oder von irgendwelchen fragwürdigen Verschwörungstheoretikern? Nachdenken wäre daher angebracht ehe man pauschal Werturteile über andere Menschen fällt. Alternativ sollten die Verantwortlichen die Probleme und Ängste der Bürger ernst nehmen statt sie zu deformieren. Ein offener Dialog mit den Betroffenen ist aus diesem Grund dringend erforderlich. Nur so erhalten wir unsere Demokratie.)

(März / 2020)

Corona: Eine unsichtbare Bedrohung?

Eine Weltgemeinschaft wie gelähmt.

Unsere Wirtschaft gerät durch eine gesellschaftliche Depression immer stärker in Lebensgefahr.

Ein weltweiter Börsencrash, der uns die Fragilität unserer wirtschaftlichen Potenz gnadenlos vor Augen führt, ist die logische Konsequenz.

Menschliche Schicksale sind daher nun unausweichlich in ihrer Existenz massiv bedroht.

„Alles nur wegen eines unsichtbaren Gegners"?

„Warum eigentlich"?

(März/ 2020)

(Anmerkung: Ein Milliarden-Hilfspaket der EU wird aufgrund der Pandemie zweifelsfrei unvermeidlich, weil es durchaus zur Schadensbegrenzung innerhalb der Gesellschaft beiträgt. Jedoch wer bezahlt am Ende die Rechnung? Der Sozialstaat wird voraussichtlich aus Kostengründen weiter demontiert. Der Rest der Schulden wird vermutlich weitgehend von den Normalverdienern bezahlt.

Die Reichen werden wahrscheinlich wie immer fast komplett verschont, und Unternehmer erhalten sogar trotz leerer Staatskassen Steuergeschenke. „Es würde sonst ohne Steuererleichterung nicht genug in die Wirtschaft investiert", argumentieren die Neoliberalen nur allzu gerne. Aus meiner Sicht eine Scheinargumentation. Die Schere zwischen Arm und Reich wird stattdessen mit ziemlich großer Sicherheit weiter dramatisch auseinanderklaffen, und die Mittelschicht bricht weiter weg. Siehe im Vergleich die Finanzkrise 2008/ 2009, die wirtschaftlich durchaus vergleichbar ist mit der aktuellen Corona-Situation! Nach der Bundestagswahl und den sogenannten Kassensturz sind wir garantiert schlauer.)

Corona und die Anerkennung der gesellschaftlichen Leistung

Menschen, die im Alltag häufig verächtlich als Fußabtreter behandelt werden, leisten in Wahrheit fast unbemerkt großartige Arbeit in ihren Jobs und halten auf diese Weise den Betrieb der Gesellschaft am Laufen.

Diese Tatsache wurde bisher von der Allgemeinheit als absolute Selbstverständlichkeit wahrgenommen.

Daher erhielten die Dienstleister unserer Gesellschaft selten Lob und Anerkennung für ihre Arbeit.

Erst in der Corona-Krise änderte sich diese Betrachtungsweise.

Plötzlich werden die zuvor Verkannten unserer Gemeinschaft zu Helden hochsterilisiert und erhalten endlich den verdienten Applaus.

„Jedoch reicht es in Anbetracht der aktuellen Situation noch aus"?

(April/ 2020)

(Anmerkung: Ist der Applaus vom Balkon in Wahrheit nicht scheinheilig? Wie wäre es alternativ mit einer besseren Bezahlung und menschenwürdigen Arbeitsbedingungen für die Beschäftigten, die insbesondere in der Pflege und im Einzelhandel tätig sind? Dabei bedenke: „Mindestens 20 % der Arbeitnehmer ist Dank der Agenda 2010 im Niedriglohnsektor beschäftigt. Tendenz eher weiter steigend". Deutschland gilt innerhalb der EU daher als eines der größten Niedriglohnländer. Sehr beschämend für ein reiches Land wie die Bundesrepublik.)

Corona und die Demokratie Teil 1
(Stimmung in der Bevölkerung)

„Rechtfertigt ein tückischer Virus die Einschränkung der persönlichen Freiheitsrechte"?

„Ist unsere Gesundheit tatsächlich mehr als sonst gefährdet"?

Tatsache ist: „Es herrscht eine beklemmende Atmosphäre, die verdächtig an die Installation eines diktatorischen Regimes erinnert".

Bürger fühlen sich schlagartig dazu berufen, ihre Nachbarn zu denunzieren, wenn sie gegen die neuen staatlichen Regeln verstoßen.

Und kritische Äußerungen zur Corona-Politik werden pauschal als sogenannte Fake-News oder Verschwörungstheorien abgetan und zensiert.

„Ist jetzt unsere Demokratie in Gefahr"?

(Inspiriert durch C. Alonso/ Thomas Sichelschmied)

(April/ 2020)

(Anmerkung: Was eventuell richtig für die Eindämmung des Virus ist, bedeutet pures Gift für eine Demokratie. Ein aktuelles gesellschaftliches Dilemma?

Es polarisiert in jedem Fall die Bürger. Zwar gibt es noch keine sogenannte Corona-Diktatur, wie teilweise befürchtet, aber ich würde allerdings schon von einer Demokratie-Light sprechen, die über einen künstlichen Beigeschmack verfügt, der nicht unbedingt für jedermann bekömmlich ist.)

Corona und die DemokratieTeil 2
(Stimmung in der Bevölkerung)

„Ist der Ausruf der Pandemie überhaupt gerechtfertigt"?

„Welches Motiv steckt tatsächlich hinter den staatlichen
Maßnahmen zum Schutz für die Bevölkerung"?

„Geht es in Wahrheit darum, demokratische Grundrechte
dauerhaft einzuschränken"?

„Ist die Kontaktsperre ein Testballon für dieses Ziel"?

„Wie groß ist nun hierbei die Staatsgläubigkeit"?

„Und wie groß ist der Widerstand dagegen"?

**(Anmerkung: Zunächst müssen Dinge in den Raum
gestellt werden, um zu einer Abwägung der Verhält-
nismäßigkeit zu gelangen. Die Infrage-Stellung eines
Sachverhaltes gehört zu einen Prozess einer gesell-
schaftlichen Entwicklung hinzu und zwar unabhän-
gig vom Ergebnis. Findet keine Hinterfragung mehr
statt, stirbt die Demokratie.**

Dabei bedenke: „Eine vergleichbare Situation mit massiven Einschränkungen der Grundrechte hatten wir in der Nachkriegsgeschichte Deutschlands so noch nie". Daher sind Ängste, die im Zusammenhang mit der aktuellen Corona-Politik entstehen, durchaus als nachvollziehbar einzustufen, unabhängig davon, ob sie berechtigt sind oder nicht.)

(April/ 2020)

Corona und die Verletzung der Grundrechte

„Rechtfertigt die Corona-Pandemie die Einschränkungen der Grundrechte"?

Es ist durchaus nachvollziehbar, dass niemand eine Überlastung des Gesundheitssystems möchte.

Genauso sei auch der Schutz sogenannter Risikogruppen wichtig.

Dennoch darf niemand die psychologischen, die sozialen und die wirtschaftlichen Aspekte sträflich vernachlässigen.

Die massiven Nebenwirkungen in Form von Vereinsamung, Depressionen, Ängsten und zunehmender Arbeitslosigkeit wären sonst fatal für die Gesellschaft.

Daher dürfen die staatlichen Einschnitte für die Bürger auf keinen Fall länger als unbedingt nötig aufrechterhalten bleiben.

(Anmerkung: „Sieht das Grundgesetz die Einschrän-
kungen der Grundrechte in Zeiten einer Pandemie
überhaupt vor?" Zumindest ist aus meiner Sicht das
aktuelle Handeln der Politik hart an der Grenze der
Legalität zu bewerten. Ist daher die Angst vieler Bür-
ger vor einer Diktatur berechtigt? Ein wachsames
Auge ist hierbei in jedem Fall gefordert. Nichts darf
einfach widerspruchslos hingenommen werden! Nur
so erhalten wir uns eine lebendige Demokratie.)

(Mai/ 2020)

Corona-Realitäten

Tatsache ist: „ Im Jahr 2018 starben trotz Impfstoff laut Robert Koch-Institut fast 26.000 Menschen an einen Grippevirus in Deutschland, aber niemand interessierte es".

Hingegen bei den Corona-Toten wird jetzt seitens der Politik, der Wissenschaftler und der Medien eine unverantwortliche Massenhysterie mit unangenehmen psychischen Nebenwirkungen erzeugt.

Daher vereinsamen Menschen häufig allein, fast von der Außenwelt abgeschnitten, ausgelöst durch die staatlich verordnete Kontaktsperre, in ihren Wohnungen und müssen mit verstärkten Depressionen kämpfen, die in ihrer Konsequenz zu erhöhten Selbstmordraten führen werden.

Dabei nimmt zusätzlich die häusliche Gewalt nachweislich massiv zu und offenbart gnadenlos im erschreckenden Ausmaß die dunklen Seiten unserer Gesellschaft.

Und verstärkt werden mutwillig berufliche Existenzen bedroht und in die Kurzarbeit gezwungen, sodass viele Bürger nur ein Einkommen unterhalb von Hartz-IV-Niveau erreichen oder ihre private Altersvorsorge angreifen müssen.

Daher die berechtigte Frage: „Rechtfertigt das Corona-Virus staatliche Maßnahmen, die zu so gefährlichen Nebenwirkungen in der Gesellschaft führen"?

(Anmerkung: Corona: Ein Regime der Zahlen? Täglich sterben durchschnittlich ca. 2.500 Menschen in Deutschland und zwar unabhängig von Corona. Verdienen sie nicht die gleiche Beachtung wie die Corona-Toten? Dabei bedenke: „Es gibt auch andere schlimme und tragische Schicksale wie z.B. Krebskranke, die ebenfalls vom Tode bedroht sind". In diesem Zusammenhang sei zusätzlich erwähnt: „Lebensnotwendige OPs von mehreren tausend Krebspatienten wurden wegen der Corona-Lage um mehrere Wochen nach hinten verschoben". Eine moralisch vertretbare Entscheidung der Ärzte und der Politik? Zählen Corona-Patienten am Ende mehr als Krebskranke?)

(Frühjahr/ Sommer 2020)

Corona und die Existenzangst

Das Virus zwingt mich, zuhause zu bleiben und gefährdet so meine berufliche Existenz, sodass Fragen in meinen Kopf entstehen, die ich kaum noch für möglich hielt.

„Wie lange muss ich den Zustand der Ungewissheit ertragen"?

„Kann ich bald zurück an meinen Arbeitsplatz"?

„Oder muss ich möglicherweise demnächst mit dem Verlust meines Arbeitsplatzes rechnen"?

„Habe ich überhaupt noch die Kraft für einen beruflichen Neuanfang"?

Große Zweifel und Ängste entstehen.

(Mai/ 2020)

(Stand April 2020: Mehr als 2,6 Mio Arbeitslose, für 10,1 Mio Menschen wurde Kurzarbeit beantragt, Wachstumsprognose für die Wirtschaft: -6,3 %)

Corona und die Kurzarbeit (Eine angemessene Hilfe des Staates?)

„Ich verfüge nur noch über 60 % meines Nettolohnes für die nächsten drei Monate".

Fakt ist: „50% meines Nettolohnes ist für die Miete vorgesehen und nur 10 % für die Nebenkosten".

„Jedoch mein Kühlschrank und mein Konto sind jetzt leer".

„Was nun"?

„Muss ich jetzt als Bittsteller zum Jobcenter gehen und mich nackig machen"?

„Oder muss ich sogar monatelang fasten"?

(Frühjahr/ Sommer 2020)

(Anmerkung: Zwar kann Kurzarbeit für einen begrenzten Zeitraum tatsächlich Arbeitslosigkeit verhindern, aber nicht die materielle Not der Betroffenen. Die staatliche Hilfe ist in diesem Zusammenhang unzureichend und somit nicht als angemessen einzustufen, wobei besonders zu erwähnen ist, dass der Staat der Verursacher der neuen Lebenssituation ist.

Das Kurzarbeitergeld entspricht oftmals nicht einmal Sozialhilfeniveau. Für eine gewisse Zeit wurde den Betroffenen teilweise sogar der Weg zur Armenspeisung verwehrt. Denn ca. 23 % der Tafeln in Deutschland wurden aufgrund sogenannter Corona-Maßnahmen vorübergehend geschlossen.)

Corona und die Kultur

Unsere gesellschaftliche Identität kam uns unübersehbar abhanden, und niemand kann davor seine Augen verschließen.

Eine gespenstische Stille ergreift daher Besitz von uns, die eine beklemmende Atmosphäre in unseren Köpfen kreiert, die uns kaum begreifbar erscheint.

„Wo bleibt hier der kritische Blick auf das aktuelle Geschehen"?

Keine Stimme wird hörbar, die sich mit voller Kraft gegen das bedrohliche Unheil erhebt.

„Wo bleibt die Kreativität, um dem Virus zu trotzen"?

„Gibt es überhaupt eine Chance für ein Happyend"?

(Mai/ 2020)

(Inspiriert durch C. Alonso)

(Anmerkung: „Ist Kunst und Kultur tatsächlich Luxus in der Gesellschaft", wie einige Politiker allzu gerne behaupten. Oder ist diese Äußerung in Wahrheit eher demokratiegefährdend, weil die Politik ausgerechnet in Krisenzeiten die Kunst und Kultur als nicht systemrelevant einstuft? Fakt ist: „Kunst- und Kulturbetriebe sind nachweislich keine Pandemie-Treiber". Trotzdem wurden sie seitens des Staates mit absoluter Selbstverständlichkeit sehr schnell als erstes geschlossen und werden als letztes wieder geöffnet. Beim Friseur mit engem Körperkontakt zum Kunden ist die Ansteckungsgefahr nachweislich sehr viel größer. Diese Geschäfte wurden zwar auch vorübergehend geschlossen, aber im Gegensatz zu beispielsweise den Museen, Kulturhäuser oder den Galerien entschied sich die Politik trotz akuter Ansteckungsgefahr wieder für eine schnelle Öffnung. Was ist nun tatsächlich in diesem Zusammenhang als angemessen und verhältnismäßig einzustufen?)

Corona und die Folgen

Alles ist unbestreitbar dem Virus untergeordnet, sodass er unseren Alltag ohne freie Gedanken diktiert, was ein künstliches Klima der Angst erzeugt.

Nun eingesperrt in den eigenen vier Wänden, isoliert von der Außenwelt, ohne irgendwelche Kontakte, mit einem beklemmenden Gefühl der Unfreiheit.

Soziale Kälte, gepaart mit großer gesellschaftlicher Distanz, verschafft sich einen Auftritt in der Öffentlichkeit und wird in Körper, Geist und Seele gleichermaßen spürbar.

Depressionen, die sich fortan hartnäckig mit neuen Existenzängsten duellieren, ergreifen daher zunehmend Besitz von unseren Gedanken, die wir nicht mehr wirklich steuern oder kontrollieren können.

Selbstmordgedanken, die nie zuvor im Kopf erschienen, werden in erschreckenderweise zu einer greifbaren und realen Option.

Die Negativität gewinnt ab sofort die Oberhand, sodass uns die Situation mehr sagt als weitere Worte.

(April/ 2020)

(Anmerkung: Tagtäglich umarmt uns der öffentliche Raum mit dem Tod und zwar unabhängig von einer Pandemie. Schützt uns daher die staatlich verordnete Lebensvermeidung tatsächlich vor dem Tod? Oder ist es bereits der Tod?)

Corona: Der Traum

Ein merkwürdiger, schwer verstehbarer Traum, der einen
nicht sichtbaren, aber doch bedrohlichen Geist beinhaltet,
macht mir arg zu schaffen.

Beinahe wehrlos der Situation ausgesetzt, hält diese un-
sichtbare Bedrohung unsere Welt in Atem, und alles ver-
selbständigt sich.

Der Alltag bekommt ein neues, aber seltsames Gesicht,
das eine spezielle Form des Eigenlebens erzeugt, welches
schrittweise die Kontrolle verliert.

Eine surreale Wirkung lässt sich hierbei weder leugnen
noch ignorieren.

Denn die ursprüngliche und vertraute Wirklichkeit kam
mir unverkennbar abhanden.

Daher die Frage: „Wann wache ich endlich wieder auf"?

(Inspiriert durch Thomas Sichelschmied)

(April/ 2020)

Corona und die Normalität

Das zuvor vertraute Bild verschwindet spürbar vor unseren Augen, und neue Kulissen tauchen unweigerlich im Szenario auf, die unsere bisherige Welt radikal verändern, sodass uns schlagartig bewusst wird, dass nichts mehr ist, wie es vorher war.

Menschen laufen fortan vermehrt mit Schutzmasken wie Aliens herum, wobei sich ihre Angst deutlich in ihren Gesichtern ablesen lässt und kaum jemand begreift tatsächlich das Warum.

Dabei herrscht eine beklemmende Atmosphäre auf den fast leergefegten Straßen, wenn die Staatsgewalt die Einhaltung von Kontaktsperren kontrolliert und ein fragwürdiges Bußgeld verhängt, wenn dagegen verstoßen wird.

Nur schubweise kommen wir in die heißbegehrten Geschäfte, wo uns bereits das geschulte Security-Personal erwartet, die uns Kunden die Einkaufswagen in begrenzter Stückzahl zuweisen.

Schnell erkennen wir vor Ort seltsame und fremdartige Gewohnheiten der Spezies Mensch, die das Klopapier und die Nudeln zu einer neuen Währung erheben.

„Befinden wir uns nun in einen mittelprächtigen Science Fiction-Film, oder ist es eine andere und neue Form der Normalität"?

Corona: Die Nervensäge

Ich höre nur noch Corona, Corona, nichts als Corona.

Eine Sondersendung nach der anderen wird zu diesem
Thema tagtäglich veröffentlicht.

Kaum noch Raum für andere Dinge des Lebens.

Eine seltsame und erschreckendeNormalität ist in diesem
Zusammenhang entstanden.

Offen gesagt: „Ich bin genervt".

Ergebnis: „Ich boykottiere weitgehend die Medien".

(April/ 2020)

**(Anmerkung: Unbestreitbar dürfen wir die Corona-
Pandemie nicht unterschätzen. Jedoch die ständige
Konditionierung auf das Virus, insbesondere von
ARD und ZDF, führt zwangsläufig nicht zu mehr
Informationen, sondern erzeugt eher ein unnötiges
Klima der Angst in der Gesellschaft, weil die Zukunft
endgültig zur Ungewissheit wird. Daher entstehen
Aggressionen, die zu mehr Gewalt im öffentlichen
Raum führen. Wo bleibt hier das Verantwortungsbe-
wusstsein der Medien? Für mich besteht seit Corona
kein Vertrauen mehr zu den Medien. Anderen geht es
genauso. Aus meiner Sicht ein Alarmsignal für die
Demokratie in Deutschland.)**

Klappentext und Autorenvita

Der Künstler Jan Kern, Jahrgang 1968, ist Mitglied der Autorengruppe Wortwerk Hamburg.

Der schonungslose Autor

Zugegeben, ich schone meine Leser nie.

Darin sehe ich auch nicht meine Aufgabe als Autor.

Eher im Gegenteil, ich spreche die Sachen an, die besonders wehtun.

Vermutlich fragt sich so mancher Leser: „Warum"?

Mein Anspruch ist es, gesellschaftskritisch zu sein, um die Menschen für neue Gedanken oder Ideen wachzurütteln.

Daher wäre ein literarischer Schongang inkonsequent und halbherzig.

*

Auch erhältlich

Thomas Sichelschmied
Marsdämmerung

2087, der Kontakt zur Relaisstation MZ-4 auf Phobos, dem größeren der beiden Marsmonde, ist abgebrochen. Alle Versuche, die Probleme von der Erde aus zu beheben, schlagen fehl. Ein Schiff mit Technikern an Bord wird entsandt. Unter ihnen befindet sich auch Simon Hauser, ein Wartungsarbeiter für Ibu-Profatoren. Wobei Profatoren nur wenig mit solaren Sendeanlagen gemein haben und er sich schon fragt, weshalb man gerade ihn für diesen Auftrag ausgewählt hat.

Angekommen auf MZ-4, finden sie die Station verlassen vor. Gravitation und Sauerstoff sind noch intakt. Auf den Gängen verstreut, liegen bizarre fleischliche Gebilde und lange Schlieren, wie von Raubtierkrallen gezogen, verlaufen im Stahlkomposit der Wände. Was auch auf MZ-4 geschehen sein mag, es ist nicht gut ausgegangen.
Doch erst als die Veränderungen beginnen, erkennen Hauser und seine Kollegen, in welchen Albtraum sie tatsächlich geraten sind.

Marsdämmerung – eine Hommage an die blumigen 3-D-Spiele der 90er-Jahre

Ab Ende 2021 erscheint die Marsdämmerung als Neuauflage im KOVD-Verlag